거꾸로 탄 기차

시와문화 시집 052

거꾸로 탄 기차

이민희 시집

시와문화

■시인의 말

나의 버킷리스트
하나씩 걸어가며 지우다 보니
다섯 개쯤 남았다
그 중 하나 시집 내기

시집이 상재되는 날
가장 큰 버킷리스트 하나를 지우며
난 눈시울을 붉힐 것이다.

부끄럼 속에
조용히 두 손 모아 본다.

2021년 4월
이민희

| 차 례 |

■ 시인의 말

1부 오늘은

포기란 _ 12
시월의 어느 멋진 날에 _ 14
8호선 산성 역 _ 16
오늘은 _ 18
하양에서 하양으로 _ 20
환지통 _ 22
창문마다 붉게 빛나네 _ 24
벽을 눕히면 _ 25
파도 소리 펼쳤다 접는 동안 _ 26
목련으로 피었다가 망초로 지다 _ 28
거울의 뒤꼍 _ 30
해 뜨는 한강 _ 32
옥상으로 내리는 비 _ 33
거미가 걸어 온 거미줄처럼 _ 34
물빛 벼랑에 필 때 _ 36
녹색의 어둠이 온다 _ 38
서글픈 꿈 _ 39
내 마음의 스위치 _ 40
명태의 꿈 _ 42

2부 넓어지는 집

인생을 깁다 _ 44
바람이 만드는 타임 캡슐 _ 46
어떤 DNA _ 48
개밥바라기 _ 49
꿈이 새벽을 열다 _ 50
소리가 자고 있다 _ 52
무릎을 찾다 _ 54
지난 여름 당신과 함께 한 그늘 _ 56
나팔꽃 _ 57
고목은 아름답다 _ 58
동병상련 _ 59
넓어지는 집 _ 60
플라타너스의 간절한 신호 _ 62
어긋난 심사 _ 64
사모초 _ 65
초록이 붉어지는 길에서 _ 66
거꾸로 탄 기차 _ 67
슬픈 인연 _ 68

3부 어머니의 못자리

입춘 _ 70
시바람 봄바람 _ 72
어머니의 못자리 _ 74
가물어 메마른 땅에 _ 76
새날 _ 78
단비 _ 79
세월이 먼지로 쌓이는 밤에 _ 80
작은 보람 _ 81
안개비 같은 _ 82
또 하나의 문 _ 84
꿈속에서 차리는 밥상 _ 85
긴 잠의 끝에서 _ 86
바람이 전하는 안부 _ 87
그늘 한 자락 _ 88
할머니의 사랑법 _ 89
닮다 _ 90

4부 엄마와 소금 항아리

한 사내가 무너지다 _ 92
떴다 방 _ 94
손녀 세빈이 _ 96
벗이여 _ 97
빈자리 _ 92
허공에게 _ 98
강남 제비 _ 100
닫힌 문 _ 101
졸업을 축하하며 _ 102
아가야 _ 104
소리와의 동행 _ 106
엄마와 소금 항아리 _ 108
어느 봄날에 _ 110
은행잎이 은행잎을 포옹하는 가을 _ 112
축제 _ 114
아날로그에서 디지털로 _ 115
박새 날다 _ 116
동주님을 만나고 _ 118

■**해설** 슬픔을 풀어 사랑으로 색칠한 따뜻한 서정
/ 지하선 _ 119

1부

오늘은

포기란

살짝 눈이 감긴 호졸근한 오후
손가락 사이로 아버지 포도원 눈부시다

손이 닿을 듯한 높이에서
새콤달콤한 포도가 유혹한다
손을 뻗으면 한 뼘 더 높이
폴짝 뛰어봐도
고만큼의 높이에서 내려다본다
안타까운 마음은
그래 저건 분명 신 포도일 거야
내 자신의 합리화로 포장해야 했다
그리곤 비겁한 변명이 따라다녔다

만나지 마세요
입 다물고 참으세요
일상을 포기하도록 강요당하면서
도전이란 단어를 잊은 듯
룰루랄라
게으름과 딴 세상을 살고 있었다

아뿔싸
그게 아니네
영어회화에 도전한다고 걸어가는 친구
시집을 상재한다고 뛰어가는 시인이
포도 넝쿨 아래서
탐스러운 포도 송이를 잡고 있었다

혼자서만 나태의 늪에 빠져 허우적거리는가
갈등하는데
포기 뒤에 숨어서 나를 계속 바라보고 있던
선택이
아직은 기회가 있다고 일깨우고 있다

시월의 어느 멋진 날에

문우의 첫 시집 출판 기념
한 생애의 볼우물이 발그레 가슴 적시는 시간
처음이라는 말은 설렘과 동의어이다

첫사랑
첫 출산
그 한마디에는 '누구와' 라는 수식어가 붙는다는 걸
그리고 이어지는 아픔도 있다는 걸

소나비 맞으며 진창길을 걷다가
갈대의 흔들림 속에서 헤매고
눈 내린 마당도 서성이며
눈썹이 하얗게 내려앉던 많은 밤이 있음을 안다

검은 잉크 찍어내어 점들이 한 획 한 획 모여모여
치유되는 가슴 촉촉한 시간
시월의 멋진 마지막 날

카메라에 담아 띄워 보내는 가을의 합창
'시월의 어느 멋진 날' 이

감미롭게 하늘가로 번지는 저녁
서쪽으로 기우는 노래 끝자락
미풍에 흔들린다

8호선 산성역

저마다의 색깔로 피어나는
가을 한가운데를 가로지르면서
또 다른 계절로 들어간다

쉴 새 없이 인파를 실어나르는
에스컬레이터 아래엔
아찔한 어둠이 휘청인다
순간 깜깜해지는 아래로 아래로 곤두박질치며
블랙홀로 빨려 들어간다

강원도 어느 탄광 마지막 갱도에서
삶의 무게에 짓눌린
광부들의 비명 아프게 들려온다
처절한 최후 모습 1초, 2초, 3초,
스쳐가는 눈 깜박 사이에서
고소공포증 지나가고
번쩍 55.6미터 악몽을 깨뜨리며 올라오는 길
빛줄기
한 생애를 건너뛴 듯 어리둥절 낯설다

소설 속 프레스토아를 찾아가는 길
의연히 서있던 가을이
다시 심호흡을 하며 앞장서 간다

오늘은

앞으로 남아있는 날들의 첫 번째 날

메모장에 적혀있는 한 줄에 확 느낌이 와닿는 날

암 투병하는 친구에게 힘내라고 문자로 보내려다
잠깐, 이건 아니구나
석 달의 시한부라면 거꾸로 덜어내는 숫자가
얼마나 잔인한 셈법인가

오늘은
어제의 그녀에겐 간절한 내일이다
인공 호흡기에 목 메이면서
한 시간만 두 시간만 오늘을 견뎌내던
안간힘이 얼마나 애절한 일인지

다람쥐 쳇바퀴 돌듯
그날이 그날이었던 내게도
끝내지 못한 오늘이 남아있다는 것에서
새삼 깨닫는다

내일이 돌아오면 오늘이지만
오늘만이 오로지 오늘이라는 것이
얼마나 소중한지를

하양에서 하양으로

나비의 날개 위로 뚝뚝 떨어지던 슬픔을 떼어내고
하양을 꿈꾸는 일
시리고 저린 동토凍土의 계절을 건너왔지

잔설 내린 언덕배기 연 날리던 친구들 있었지 아버지가 깔 맞춤으로 만들어준 지게에 삭정귀 몇 가락 후르룩 지고 오는 열 살 남짓 남자아이 있었지 동갑내기 외삼촌이 날리는 연은 외할아버지가 아들한테만 만들어 준 연이었지 뒷간에서 쓰이는 다 쓴 공책 한 장 찢어 이불 실 묶어 뛰어갔지 삯품 팔러 나간 아버지와 마주친 기억이 쏟아졌지 아픈 검정이 온몸에 스며들었지

앞마당에 소복하게 쌓이는 눈
어둠을 굴려 비밀스럽게 만든 눈사람처럼
눈보라를 헤치고 건너오는 목련

동트는 하늘 쪽 가지에도 맨발 동동 구르던
밤이 묻어 있더라고
검정의 반대쪽으로 달리는 투명한 베일은
하얀 사랑으로 웃고 있었지

그런데 웅크린 품속에서
사랑이 살포시 고개를 내밀더라고
하얀 솜털을 입에 문 채

환지통

흰 목련 붉은 장미 노란 은행잎. 망막이 껴안고 간 것들
　몇 번이나 그 속을 들어가야 보이는 여든의
　그 여자는

　십년 전 병원 침대에서 두 눈을 놓치고
　매일 밤 잃어버린 것들을 찾아 망막 속을 헤맨다
　손끝 발끝 두 귀로 눈을 받아 안는다

　침대 머리맡 왼쪽 오른쪽 서랍장 위 나란히 놓인 약봉지를 발끝 눈으로 손끝 눈으로 더듬으면
　골목을 지나 라일락도 피고 장미의 계절 지나가는 소리 들리지만
　둘이나 되는 딸은 손발을 뻗어도 닿지 않는 하늘 끝자락에 살고 있다

　눈을 감아야 보이는 그 여자의 눈
　'하늘이 낮아졌어, 하얀 바람이 부네, 머잖아 나무들도 옷을 벗겠지. 나도 져가고 있어' 중얼거리자 이제는 없는 두 눈이 시큰거리고 속절없이 눈물이 볼을

타네

  소리로만 스쳐가는 사랑과 이별의 촉각들
  낮과 밤이 무질서로 흐른다

  순한 어둠에서 맥박이 빨라지는 아침이 오면
  눈이 지워진 자리로 마음이 들어선다

  별이 뜨고 달이 뜨고 연두 다음 여름 그리고 단풍이 곱게 물든다
  별이 사라진 자리로 흰 눈이 내리는 것이 보인다

  두려움은 계산하는 게 아니고 극복하는 거라고
  풀린 신발 끈 고쳐 매고 현관 앞에 서본다

창문마다 붉게 빛나네

궂은 날 쑤시는 무릎도
품 안으로 품고 있던 아린 속
붉은 사랑처럼 아프지요

대지는 어린 풀꽃 하나도 놓치지 않으려고
주름을 감추며 계절을 건너왔어요

뒷문으로 찬바람이 불어올 때
바람의 목에 머플러를 걸쳐줘요
다 날아간 자리에서 사라져 갈 이름을 불러줘요

무소식에 애태우다 기별 없이 한두 번 찾아오는
발자국 소리에 귀 기울이고 살던 어머니처럼
떠나는 뒷등까지도
창문마다 빛나던 시절을 그려 넣었어요

찬 서리 내리는 들판에서
바람이 떠난 자리는 슬픔이 되고 있어요

벽을 눕히면

철통 같은 너와 나의 벽
말을 몰아 달려도
뛰어넘지 못할 때가 있다

하루를 걷다 보면
확 치고 들어오는 한마디 무딘 칼날에도
강철 벽엔 흠집이 생긴다
세 치 혀의 반격에 상처 입은 마음들
마주한 벽과 벽은 더욱 두터워진다

어둠이 나를 감추어 줄 즈음에
딱딱했던 오늘을 돌아본다
후회되는 나의 벽을 눕히면
너에게로 가는 다리가 된다는 걸 왜 몰랐을까

내일은 그 다리로 한 발씩 다가갈 수 있도록
심장 깊이 벽을 세우던 하루를 눕힌다

파도 소리 펼쳤다 접는 동안

어느 하루도 흔들림 없는 삶이 없다는 듯이
양양의 앞바다는 오늘도 바람에 두 뺨을 내준다
순한 양처럼

바람에 구름 흐르는 소리
멀리 노송 속삭이는 소리, 나뭇잎 구르는 소리
파도 속에 묻히는 적요까지 더 깊은 심연으로
바다는 흔들리며 흐른다

푸르게 멍든 살갗 위에 어제의 기억을 풀어내며
비로소 맑은 속내를 드러내고 있는 바다 앞에서
파도를 밀쳐내던 기억으로 아픈 나는
촘촘한 모래 속에 납작 엎드려 조개의 자세로 흔들
렸지

자꾸만 절벽을 기어오르던 마음과
구름 흘러가는 허공을 달려 다시 돌아온
양양 그리고 여전히 나는 어리석은 양 한 마리

바다도 가끔은 아픈 속내를 내보이고 싶은지

파도에 몸을 뒤집을 때마다
바람에 실려 온 바닷물이
눈가에 스민다

오래 바다에 귀 기울이고 있으면
양양의 앞바다는 제 숨은 뿔을 치켜든다
결코 양은 순하지 않다고

되돌아와 0시에 놓인 시계처럼
다시 출발선상에 선다

목련으로 피었다가 망초로 지다

　목련을 지나 말라버린 망초 대궁이 뒤섞여 있는 길을 걷는다 메마른 꽃잎들이 머리 위로 흩어진다

　어둠을 두 손에 쥐고 하루를 밤으로 살고 있는 밤에 점령당한 영혼이 주름과 손금을 만드는 밤
　'이렇게 사는 건 아니지, 나 이제 밥 안 먹을란다' 신음처럼 내뱉는 여자의 허궁은 하얗게 흐드러지는 목련꽃
　소녀처럼 송이송이 웃는다

　누군가의 손이 여자의 알몸을 만지고 있다
　수치는 바닥에 버린 지 오래된 끝에서
　여자의 몸으로 냉기가 퍼진다
　텅 빈 들판에서 모래바람이 분다

　윤곽 없는 둥그런 얼굴들
　허공과 바람 속으로 떠다닌다
　엄마 얼굴이었다가 소녀 얼굴이었다가
　투명인간이 되어 버린 그녀는
　한때는 새끼들 품이었던 가슴을 찾아

매일매일 꿈의 바다를 헤엄치고 다닌다

먹어도 먹어도 허기만 지는 여자
오늘도 어제도 없는 먼 예전의 뒤엉켜지는
망초 풀꽃 스치는 소리만 서걱인다
천진한 얼굴 차라리 행복이다

거울의 뒤꼍

할머니의 신성 불가침의 성城도 그쯤에 있었다
"계집애가 어딜 남자를 넘어 다녀"
방 가운데 누워 있는 동생의 발치 쪽을 돌아다녔다

그럴 때마다 뒤꼍을 찾는 가슴에선 찬바람이 일었다

낮은 땅에 발을 딛고 선 뒤꼍은
가뭄에도 눈시울로 젖어 있었다
한 발짝씩 내딛는 내 발자국 따라
눈물도 한 뼘씩 자라고 있었다

검정고무신도 금 각신이 되어 한쪽으로 모셔졌고
금방 낳은 계란도 동생의 손으로만 전해지는 거기

어둠 같은 절망에서
식솔들을 거느리고 건너오는 모성의 다리

슬픔이 멍울멍울 하얀 꽃으로 피었다가
딸기같이 빨간 애증으로 익어가는 동안
뒷산 작은 골짜기에 던져두었던 꿈 한 덩이

밤마다 뒤꼍으로 다가와
고단한 삶의 그림자 지워주곤 했다

발목을 적시던 뒤꼍을 걸어 나온
거울 속 얼굴, 앞면이 화사하다

해뜨는 한강

동해에서 말갛게 씻기운 해
빌딩 숲속에서 기지개 켠다

먼동에 드리운 은빛 비늘
금빛 너울로 눈웃음치면
아파트 유리창
설렘과 희망으로 반짝거린다

4대강 완주 자전거족
마지막 인증 마크 하나만을 남기고
막걸리에 목 축이는
컵라면의 아침도 행복하다

밤새워 일한 고단함도
아침 출근 서두르는 몸놀림도
모두를 아우른 채
한강은 환하게 떠오른다

옥상으로 내리는 비

채송화 필 무렵 그녀는 봄비를 따라갔다

고독이 어둠의 두께로 앉아 있는 옥상 난간
달과 별과 아버지의 한숨 같은 술주정은
새카만 채송화 씨를 닮았다

진분홍 웃음은 내일의 기약 같은 것이다

한 점 씨앗 땡볕에 몸 굴리고 있는 채송화
꽃밭은 작은 벌레들이 숨어들기 좋은 곳
그녀의 어둠도 낮은 꽃 사이로 쌓여갔다

허허한 웃음은 내일의 기약인데
운명에 무릎 꿇고 말았던 한여름이
그녀의 슬픔 따라 지고 있다

비는 난간에서 난간으로
어둠에서 어둠으로
낮은 꽃밭으로 주룩주룩 종일 내린다

거미가 걸어온 거미줄처럼

잠의 유혹을 떨치고 새벽을 여는 길

거울에 나를 비쳐본다
다시 비추어보다
오래된 불면의 밤이 걸어 나가고
어둠이 흘러가는 소리를 듣다가 운명으로부터
길을 만드는 거미를 본다

속으로 무너지던 어머니의 슬픔을 닮은 거미줄
손톱이 자라듯 거미줄이 허공을 향해 자신의 말을
한 칸 한 칸 그려가고 있다

'백삼십 배나 늘려주어도 인간의 욕심은 끝이 없다'면서
한 모숨의 벼 이삭을 쥐고 있던
어머니의 음성도 거미줄에 걸려있다

달빛 잘라 밤새 기운 거미줄에 여명이 비치면
아침거리가 이슬과 함께 맺혀
이 계절이 견딜만하다는 듯

긴 다리로 새벽을 딛고 새길을 만든다

그물에 걸린 허공을 도르르 마는 하루의 시작
시험지에 한자 한자 오늘의 답을 써내려 간다

거미줄 무늬 사이로 아침 햇살이 어머니 얼굴로 환
하다

물빛, 벼랑에 필 때

뜨거운 잔 속에서 들국화가 핀다

들국화의 무늬는
맨발로 징검징검 얼음을 밟다가
축축한 곳에서도 낮은 자세로 걸어가야 한다는 걸
국화차를 마시면서 알게 된다

번개와 소나기를 뚫고 꽃피우던 밤의 머리카락
몸 안으로 서리가 들어차던 늦가을의 노을은
꽃의 전생 같아서 서럽기도 했다

뜨겁게 볶이다가 말려지는 동안
삶과 죽음의 언덕을 오르고 내렸다

하나의 뿌리에서 시작된 꽃의 근원
바위 옆 얇은 흙 안으로 발 뻗은 시간
온몸으로 잡아챈 벼랑 위 발가락 틈새
안간힘으로 버텨온 어둠의 긴 나날이었다

겨울 창가에서 한 송이 국화꽃으로 환생하는 저녁

노랗게 살아나는 기척에 향기는 피어나고
다시 뜨겁게 처음으로 가고 있다

녹색의 어둠이 온다

눈을 감는다 어둠 쪽으로
부부가 가꾸어온 텃밭을 녹색이 잠식하고 있다
남겨진 시간 속 어둠이 저만치 서 있다

철없는 애벌레는 왜 눈 위에서 나비의 꿈을 꾸었을까

뿌연 눈으로 태양의 빛깔을 찾아가는 한낮
두 눈으로 밀려오는 공포
캄캄한 두려움이 가슴 가득 차오르고
여름이 지나기는 길목에서 다른 계절로 가는 기차를
기다린다

아직도 보인다구요?
낯선 역에서 들려오는 소리

낮에 본 꽃 색깔을 기억하는 눈동자
뒷걸음친 허공의 시간 속 말라가는 물줄기가 뿌옇다

녹색으로 가는 저녁
너덜너덜 상처 난 잎사귀 젖은 밭에 주저앉아 있다

서글픈 꿈

밤이 낸 길을 따라갔지

화살통 메고 비껴 쓴 중절모
한량임을 자처한 아버지

일 부자인 논밭엔 때 놓친 일손이
잡초인지 곡식인지
뒤 섞인 잡념 싣고 잡아당긴 활시위

떨어진 화살촉 끝에
노모와 칠남매 끼니가
시름으로 박혀 있었지

가장의 책임과 맞바꾼 아버지 끼
허공으로 날아간 꿈이
유산인양
우리 형제들 이야기 길에서 함께 걸어가지

내 마음의 스위치

현재를 행복이라 느끼지 못할 때가 있지
사람이 사람을 두려워하며
하루하루 살얼음판을 걷고 있지
이대로는 못 살겠어 하다가
그때 그 시절로 돌아가 보았어

풋풋했던 첫사랑, 가슴으로 들어왔지
살포시 미소가 피어오르던 첫아기
달덩이 하나 옆에 뉘어 놓고
세상을 다 얻은 듯 도,레,미, 계단을 올랐지

삼남매 끼니조차 챙길 새 없이
스타카토로 널뛰기하던 서울살이
한 몸을 쪼개고 쪼개며
온 힘 쏟아 삶의 현장으로 뛰어다녔지

어느 날 문득 쳐다보니 어깨 위로 훌쩍
한 옥타브씩 뛰어오르며
어엿한 성인이 되어 있는 자식들
그 등 뒤에서, 휴

디크레센도 나를 찾았는데
삶의 옹이 여기저기 깊이 박혀 있었지

그래도 지나고 나니
다 그때가 좋았노라
행복의 스위치는 내 안에 늘 켜져 있었다는 걸
이제야 알았지

명태의 꿈

강원도 오대산 고개턱
바다의 숨 몰아쉬는
꽁꽁 언 몸
정신마저 혼미해진다

바람도 비껴가나
녹을 새 없이 몸 위로
누렇게 얼어가는 그들의 꿈
하염없이 내리는 눈 속에 갇혀
발버둥 친다

바다가 있고 친구들이 있는
고향을 그리며
수많은 밤과 낮 악몽만 꾸다가
덕장지기 탁탁 눈 터는 소리에
후다닥 가위에서 풀려난다

나비였나? 물고기였나?
자신을 잃고 허공을 퍼덕인다

2부

넓어지는 집

인생을 깁다

티가닥 티가닥 구두 끝에 질질 끌려오는 저녁
눈 찌푸리는 시선 민망하여 들어선 반 평 남짓한 곳

땅땅 두드리고 쓰다듬고 광 내놓고
묵묵히 벗어놓은 찌든 피로는
몇 년은 족히 함께했을 꽤 좋은 명품인지
쭈그러진 등어리가 슬쩍 외면을 하고 있더군

김 땡땡표 신발 초로의 여자는
잡다한 일상을 늘어놓았지

"그 있잖아요 키 크고 허리 구부정한 여자
그 여자가 갔다네 문상 가야 해"
"그래애, 안됐네
정이란 고달픔과 외로움에서 나오나 봐

오가는 손이 제법이라 돈 버시네요 했더니
버는 놈 따로 쓰는 놈 따로라고
평생 벌어 임대 주택 하나 남았대나
날 보고도 욕심내지 말고 편안히 살라는군

그저 건강이 최고라나

구두 수선하러 갔다가
부처님 설법 듣고
마음 한쪽 고쳐들고 나왔지

바람이 만드는 타임 캡슐

불면증으로 뒤척이는 무학봉,
크고 작은 역사를 바람의 냄새로 압축해 놓았다

원효대사 수도하던 청련사 설법 아릿한 냄새
무학대사 한양 도읍 비릿한 고뇌에서
피기도 전 스러져 간 어린 목숨들
명복 비는 어미들의 쓰린 마음
애기 산이란 이름으로 위로를 한 것까지
옛 전설 꺼내놓고 오늘을 주워담는다

벚꽃이 지면서 깔아놓은 카펫 위로
빈대떡에 동동주 꽃향기 축제
가시까지 무른
사랑을 잡고 싶은 장미 아가씨 타는 속내도
벌 나비 미리 알아 수작을 걸어왔다

먼동이 틀 때부터 야간 등 켤 때까지
쉼 없이 걷고 달리고 오르고 내리면서
체력 단련하는 무학봉

타임 머신 열었다 닫았다
지나가던 바람도 잠시 멈춰서서
세월이 풀어놓는 이야기 서리서리 감는다

어떤 DNA

신축상가 공사장 안전벽에
나비 한 마리 팔랑거린다

내려앉을 듯 위태롭던 고택
안마당에 키우던 열무 배추에
날아들던 나비들
후예
제 고향 찾아왔나 보다

포크레인 소리도 요란스레
접근 말라 위협해도
핏줄을 타고 흐르는 귀소 본능이
아랑곳 않고 힘겹게 파닥거린다

이제 나도 아버지 피가 끌어주는 곳
쏙쏙이 감나무가 있고
무 장다리꽃에 날아들던 나비 쫓아
유년의 나를 찾아가는 중이다

개밥바라기

그곳에 터를 잡은 것은 우리의 잘못이 아니다

빛이 잠시 훑고 가는 그늘을 가지고 있다
한 방울 물에 갈증을 달래고
별을 보며 한 뼘씩 터전을 닦는

목 메인 그늘 속에 고인 슬픔이 끓어오른다

어둠 속에서 캐어낸 광석을 꺼내본다
아무리 닦아도 빛이 나지 않는다
더 이상 개천은 용을 내지 못한다는 암담함에
허기가 어둠을 더 짙게 만든다

어둠을 대물림할 수 없다는 절박함에
막다른 골목에서 서성이는 너와 나는
새벽을 비껴가는 별을 따라 서쪽으로 기울어진다

꿈이 새벽을 열다

아이들의 방문이 부옇게 새벽을 깨울 때쯤

해안선 대나무는 절벽 너머
포구를 바라보며 주술을 외웁니다

검푸른 벌판에선 은빛이었다 금빛이었다
붉은 여의주 하나 바치며
굿판이 벌어집니다

용이 승천했다는 전설은 남편의 꿈속에서
수없이 자맥질을 합니다

그물이 베일을 벗기면
마지막 배는 돌아오고
맘 졸이던 등대도 곤한 잠에 빠져듭니다

등대를 지키던 샛별도
가슴을 쓸어내리며 산마루를 넘어가고
아내는 해장국 보글거리는 부엌에서
두 손을 모읍니다

아득한 수평선을 건너온
죽변항은 펄떡이는 고기들로
아침을 열고 있습니다

남편은 나그네처럼
바다보다 깊은 한숨을 쉬고
비린내 가득한 발길을 끌며
아침 안개 속으로 들어갑니다

소리가 자고 있다

위~잉 에어컨이 울리기 시작하면
끼이익 개~굴
선잠 깬 듯 개구리가 울기 시작한다

소리는 소리로 모여 모여
장마철 개구리 울음이 모두 몰려왔다
에어컨이 어떻게 그 옛날의
개구리 울음을 잡아 두었을까

장안동
허허벌판이던 시절
이 논 저 논 개구리들이
세월에서 세월을 이어왔지만
불도저를 몰고 온 개발의 바람
개구리들은 엉겁결에 사라져 버렸다

바람은 소리를 안고 하늘로 올라갔다가
어느 병동 10층 에어컨 안에 쏟아부었나
보헤미안처럼 떠돌다가
무더운 여름밤

잠들 줄 모르는 절규로 되돌아왔다

바람에 민감한 환자
에어컨을 재우자
고단한 울음도 뚝
과거와 현재 모두 잠잠해졌다

무릎을 찾다

삶과 죽음의 경계에서
하나, 둘, 의식은 날아가고
무의식이 과거를 찾아간다

바람은
대청봉 정상에서 진달래꽃 속에 똬리 틀기도 하고
만불동 계곡 출렁다리 끝자락에 멈춰 있다가
태백의 선녀들과 나풀거리고
나무 위초리에 얼음꽃을 피워댔지

막걸리 한잔에 휘파람 불어대며
길과 길 사이 누비다가
다시 정상에서 만났다

바람 든 자전거가
뒤틀고 찢어놓은 연골들
사정없이 뜯어내고 교환한 인공관절
과거의 기억들이 까무룩 넘어가고
현재가 놓여지는 골목에서
다시 만난 그

휴
죽음의 경계 넘어와
새로운 삶의 시작이다

지난 여름 당신과 함께한 그늘

한 자락의 그늘을 붉은 몸에 감고
오거리 한 귀퉁이에서 추위에 웅크리고 있는 너

품속을 파고 들던 거친 숨소리에
같이 뜨거웠던 나날들
푸르른 날 한때의 낭만이었지

이별은 낙엽처럼 무심하게
애틋한 미련과 서러움만 남기고

몰아치는 눈보라에 시린 골목으로 숨어든 너

폭우와 땡볕의 쓴맛을 보고 난 뒤라야
다정했던 가슴이 그리워
다시 너를 찾아올 거야

나팔꽃

아침마다 슬쩍
내 안을 들여다보는 너를
세월의 징검다리 건너 저편
어린 날 시골집으로 데려왔지

수수깡 듬성듬성 서있는 울타리
살금살금 한 뼘씩 키 재기하고
빨간 시간과 눈 마주치던 너

삶의 고갯길 숨 가쁘게 오르다가
네 웃음과 마주하며 설레기도 했지
스쳐가는 바람을 불러들이고
쓰다듬는 햇볕에도 감동을 했지

앞으로 앞으로만
멈출 줄 모르는 네가 있어
내리막길 걸으면서도 화사한
너의 날을 바라보게 되었지

고목은 아름답다

병원 셔틀버스에서 내리는 노부부
몸은 둘이건만 다리가 여섯이다
가랑잎 닮은 손이 고목을 쓰다듬는다

다리가 일렁이는 그림자 속에서 잃어버린 시간을 걷고 있다

지나간 시간은 돌아오질 않아
무지개 따라 사라져간 신기루
모래알처럼 손가락 사이로 빠져 나갔다

나뭇잎은 더 이상 푸르지 않다
남은 몇 알 홍시 부여안고
마른 정강이 삭정이처럼 서걱거린다

사나운 계절은 서성이고 있는데
기대고 의지할 손길은 아득히 멀다

가만히 손을 꺼내어 나목의 맨발에
'괜찮다' 고 안아주는 고목의 눈이 젖어 있다

동병상련同病相憐

근로자의 날
왕십리 역사 에스컬레이터
휴일도 없는 고된 업무에 울화병을 앓는다

기우뚱
한쪽 어깨로만 쏠리는 매일의 짐
균형 좀 맞춰 실어 달라 소리쳐도
못들은 척 모두 귀를 닫는다

알몸으로 털썩 주저앉아
보내는 하소연의 눈길
지난날 나를 보는 듯 애처롭다

잠시 쉴 틈도 없던 고된 날
새끼들 주린 배 채워주기만 급급했던
그 시간들이 날궂이하듯 온몸으로 울고 간다

안간힘으로 버티던 삶의 무게
와르르 무너져 내리는 그곳에
힘들어 주저앉던 내가 서 있다

넓어지는 집

이사한 지 20년
옛집의 추억이 아직도
베란다 구석에 끄나풀로 묶여 있다

처음 집 지어 들어간 작은집
궁궐인 듯 이층 계단 오르내리며
낮에는 빈집인데도
대문엔 초인종을 달아요
해맑은 아이들의 소리가 떠다닌다

혼자되신 친정아버지 칠순 사진
쓸쓸한 미소가 이슬비처럼 가슴을 적시고

일찍 간 네 아버지 목숨 이어 받았나 보다던
시어머니 팔순 사진
쭈글쭈글한 웃음이 삶의 얼룩으로 번진다

파노라마 한편 돌려 보는 사이
어버이들 하늘나라 가시니
머리엔 서리가 앉고

자식들 짝 찾아 희희낙락 둥지 떠났다

가슴속 깃털은 풀풀 다 날아가고
넓디넓은 허공 한 채 들어와 앉았다

플라타너스 잎새의 간절한 신호

날개를 달고 싶은
플라타너스 잎새가 흘려보내는 말을 들어요
가을의 바닥에 놓인 질문들

어두운 곳으로 떨어지는 물음들
애증의 눈으로 내려다보는
사랑하므로 너를 보내노라
오래된 가을과 바람들이
더욱 깊게 울림을 주는
기러기 가는 길 노을이 지네요

달팽이 되어 몸을 낮추는 계절에
나무는 이별이 서러워서 밤이 길어져요
푸르게 번지던 기억 속에서 서성이죠
등이 시린 나무의 계절이 먼 곳으로 밀려가고
캄캄한 밤을 떠다녀요

가벼워지고 싶은 나뭇가지들
내 안에 어둠을 들이는
시간의 발꿈치가 아파요

겨울에 가 닿기 전
다른 시간을 생각해요
나뭇가지의 질문을 듣고
답을 찾는 날들은
새벽이 되어서야 나를 흔들어요

날개를 달고 싶은 나무의 말들이
우렁우렁 귓가를 스쳐요

어긋난 심사

어긋난 감정은 깊은 계곡
풀리지 않는 매듭이에요
조금씩 벌어진 틈 사이로
뒤틀린 물살들이 찾아드네요

뱉어야 할 말들은 소용돌이치며
우수의 눈 속에 깊게 쌓여요

뒤엉켜진 말의 씨앗들이 귀밑에 상처*로
얼룩을 남겨요

통증은 어떤 칼로도 도려내지 못하지만
좁혀지지 않는 물살의 간격에
조용히 징검다리 놓아요

너를 지우고 나를 내려놓고
무심심 가벼워지고 싶은 통증의 저녁
허공 속으로 가벼워진 새 한 마리 날아가네요

*반 고흐 자화상에서

사모초思慕草

무학봉 산비탈에 흐드러진 금계국 꽃
건너편까지 눈빛이 간절하다

어느 해 초여름
꽃송이 끌어안고 넋두리하던 노모 어디 갔나

집에 올 때 어미 손에 쥐어준 꽃씨
아들 보듯 보살피니 퍼지고 퍼져
온 비탈 흐드러졌는데
배 타러 간 아들 오지 않고
내 가슴만 오려낸다 하더니
아들 찾아 먼 길 떠났나 보다

과꽃을 좋아하는 자식 가슴에 묻고
꽃피는 계절이면 눈물 훔치다
딸 찾아 영영 먼 길 떠난
내 엄마 같아 자꾸 뒤돌아본다

초록이 붉어지는 길에서

긴 낮과 짧은 밤 사이
초록의 계절을 넘어가고 있을 때
중환자실로 가던 어머니
우리 손을 꼭 잡았죠

삼복에서 처서로 가는 길엔
초록이 신열처럼 붉어지고 있었죠

그 바람 속으로 새처럼 날아간 언니와
가슴에 묻은 새를 다독이느라 밤새 앓던 어머니가
뒤척이는 불면 속으로 자꾸만 찾아와요
가위눌린 듯 선잠에서 깨어나면
쏙독새 날아간 자리 베갯잇이 흥건했죠

뜨거운 햇볕을 삼킨 파도가
커다란 너울 파도처럼 토해낸 처서

불면의 밤을 견디고 불볕 속과 폭우 속에서
발갛게 익어가는 대추 한 알 되뇌는
그때의 시간도 붉게 여물어 갔지요

거꾸로 탄 기차

모든 시계가 거꾸로 돌기 시작했다
한 컷 한 컷 열리는 풍경
뒤로 뒤로 세월을 감고 있다

물결이 찰랑이는 사춘기 강가에는
초록 바람이 살랑거렸다
손만 닿아도 부풀어 터질 듯한
가슴속엔 온 우주가 들어 있었는데

검은 구름처럼 몰려온 무성한 헛소문으로
조각 난 그리움 퍼즐처럼 끼워 보지만
제자리를 잃은 기억의 무늬들
잡히는 건 뾰족하거나 딱딱한 고통뿐
분홍빛 언어들은 허공으로 날아가 버렸다

덜커덩 덜커덩
노을빛 언덕을 힘겹게 오르며
서쪽으로 기울어지는 바퀴 소리
아직도 절반쯤 남았다는데
낯설지 않은 전생이 슬픔을 뒤적이고 있다

슬픈 인연

옷깃만 스쳐도
억겁의 인연이라는데
태어나서 한번 만나고
다시 부활해도 나는 일회용일 뿐

서러워
불구덩이에 몸을 던지기를 여러 번
온몸 녹여 눈물 한 방울씩 모아
또 다른 만남
떡을 만나서 떡을 낳고
과일 만나면 과일이 되어
요렇게 조렇게 사는 듯도 하지만
어느 순간
이리 휙 저리 휙 버려지는 나
그나마
엊그제 함께 포개졌던 짝꿍들
분리수거 더미에서 언뜻 스칠 듯도 하지만
이제 또
몇 겁의 윤회를 거쳐야 다시 만나려나

3부

어머니의 못자리

입춘

입춘이
꽃차를 끌고 왔다
칙칙한 가슴에
화사한 팬지꽃을 한 아름 안긴다

알몸으로 겨울을 버텨준
나무를 쓰다듬고
발밑에 입김을 주면서

아직
바람은 차고
모두들 움츠리고 있는데
추위에 발을 동동 구르며
얼마나 봄을 기다렸나

어느새 바람은 품속에서
냉기를 떨쳐 버리고
햇볕은 한품이나 두꺼워져
축복처럼 대지를 감싸고 있다

먼 길 떠난 사람 그리며
시리고 저린 냉기만을 안은 채
인생의 고빗길에 선
가을이고 겨울인 가슴은

우수 경칩에
대동강 얼음 녹듯
풀어지려나

시바람 봄바람

시 바람이 봄바람을 타고 와
품에 안기네
움트는 새싹 먹는 열두 식구
얼굴 가득 미소 떴네

일상을 쏟아내는 노랫가락이 있고
평범을 끌어안아 꽃을 피우고
들키지 않으려던 마음도 훔쳐보네

온몸을 사랑으로 수 놓는가 하면
가슴 저린 엄마의 애절함이 있네
우물물 길어 담근 묵은장 맛은
그리움으로 추억을 담아내네

잔잔한 호수 위에 돌도 던져 보고
질풍노도처럼 폭풍 속을 내달리고
애잔한 간구함에 온몸을 적시며
삶의 참 의미도 짚어보네

모두모두 형형색색

일곱 색깔 무지개도 더 되는
열두 색깔 그림물감

어머니의 못자리

해마다 4월이면
친정집 울타리 벚나무 하나
수천 마리 나비를 날리곤 했지요

논에선 못자리가 한창일 때지요

결혼식 보름 후 내 생일
미역국도 못 먹어 서글픈 마음은
분홍 나비들이 무척이나 눈에 밟혔지요

정오 지나 친정어머니 인절미 함지박을 투구처럼 머리에 얹고 왔더라구요
논배미에서 만난 시어머니 생일이라고 말해주면 국이라도 끓이지
눈가에서 민망한 나비 하나 날아가데요

자박자박 물기 앉은 못자리에 볍씨인 양 뿌려 놓은 딸자식
노심초사 엄마 마음이 생일 핑계로 왔던 게지요

벚꽃에서 나비가 날든지 말든지
생애 최고의 생일이었지요

어머니의 눈물로 빚은
떡을 먹게 된 그때부터
해마다 꼭 생일상을 받곤 했지요

억척스런 모성이 무거운 시집살이를
허공으로 띄워 올린 봄날이 되었지요

가물어 메마른 땅에

문명이라는 빛 좋은 허울
우주의 질서마저 흐트러놓았다

대기에 휘감은 가스층
창공에 커튼 한 자락 둘러쳐졌다
분통 터진 빈 가스통
뻥 터져 하늘로 솟구치기도 한다
하늘이 타고 있다
큰소리치며 달려간 먹구름도
열기에 밀려 접근조차 못한다

낮이나 밤이나 대기가 들끓고 있다
돼지도 닭도 열사병에 푹푹 쓰러진다
이건 너무 가혹해…
비 내려라 뚝딱!
도깨비 방망이 휘두르듯
소나기 한줄기 지나간다

누워있던 풀들 일어나 둘러보지만
이미 흔적조차 보이지 않는다

낮도깨비 장난처럼 스쳐간 한 줄기
대지의 간에 기별도 못하고 지나갔나봐

새날

푹 잤어요
얼마만의 숙면인가요

당신 노래 들으며 잠자리에 들었는데
밤의 허리
어디쯤에서 끝났는지 몰랐어요

아침은 우울의 옷을 벗어 버리고
싱그러운 옷으로 갈아입었어요

새들은 축복을 나누며 날아오르고
한껏 무른 대지는
풋풋한 내일을 준비하네요

희망이 막 솟아나는
사랑은 참으로 위대해요

단비

당신을 기다리다
갈증으로 목이 타네
할 말을 잊은 채
휘휘 팔만 내두르네

강물은
깡마른 나룻배 뉘어놓고
울화만 쌓여가네

희미한 발자국 소리
자박자박 돌아 돌아
먼 길에 지친 당신

포옹도 안 해주고
손만 슬쩍 스치고 갈까 봐
선잠 든 대문만 쳐다보네

얼마만큼 기다려야
당신 목소리 가까이서 들릴까

세월이 먼지로 쌓이는 밤에

신발장 한구석에
젊음을 실어 나르던
구두 한 켤레

잘 차려입은 정장에
멋 내기로 당당하게
주인의 위상도 높여 주었다

오랜 시간 먼지는 내려앉고
주름진 얼굴에
이름까지 희미해졌는데
뜨거운 시간을 걸었던 기억을 쓸어내리며
너의 몸에 슬픔이 쌓이는 저녁
저물어 간다

신발장 안의 너와
밖의 나는 내내 적막하다
시간의 파노라마 되돌려 보는
추억의 그림자
너와 나 사이에 웅크리고 있다

작은 보람

강제 이주되어 낯선 땅 날선 눈초리에
주눅들 때마다 어루만져 주던 손길
언 마음 녹여주며 한껏 나래를 펼쳐 보게도 했다

이리저리 주인이 바뀌자
나의 생은 뿌리째 흔들렸다
허기와 갈증이 계속되는
인고의 나날 참아 냈더니
비바람이 선심 쓰듯 자세를 낮춰주었다

주인을 닮았네 보는 이들의 감탄에
한껏 비뚤어지려는 나의 길 바로잡고
내 살 속에 켜둔 등불 하나 밝히게 되었다

나는 어둠을 이겨낸 한 송이 작약 꽃
붉은 빛깔 거느리고
이곳 정원에 중심이 되었다

안개비 같은

나무껍질 같은 손은 늘 호미를 쥐고 있었다

재 군병 나간 지아비 그리움보다
새끼 셋 목구멍 풀칠에
어깨가 눌렸던 스물 초반부터
일곱 살 큰애 등에 젖먹이 업히고
집 지키는 네 살짜리 눈에 밟혀도
방물 짐 이고 진 발걸음
이 동네 저 동네 허기 속을 헤맸다

한 푼 두 푼이 금쪽같은 800평 밭이 되고
아이들 자라는 보람에 당당했던
꿀맛 같은 세월도 있었다고 하지만

불혹 초반 지아비 잃고 나서도
오 남매 짝 맺어주는 일에
치맛바람 펄럭이며
고추, 참깨 농사일로 슬플 새도 없었다

팔순을 훌쩍 넘어 저승 문턱에서

두 달도 못 견디고 이승을 떠났는데
밭머리에 누워서도 마음 편치 못한 시어머니

고춧대 검정비닐 찢고 부러뜨릴 때
거센 바람 휘휘 막는 손길이
눈시울 훔치며 안개를 헤치고 있다

또 하나의 문

이 세상 마치고 하늘 문 들어가려면
어린아이 되어야 한다더니
팔순 어머니 어린아이 되어 가네

삭정귀와 같은 갈퀴손
세상과 한판 벌이시더니
병에겐 장사 없다 체념했는지

'그 여린 맘으로 이 세상 어찌 사누'
큰아들 걱정도 뒷전
'먹는 건 다 무엇하고 그리 마르나'
둘째 걱정 내려놓고
애간장 태우던 손자 둘도 스르르 풀어놓고
곰 발바닥 굳은살도 벗어 던지네

수줍던 열일곱 새색시 고운 모습 되찾아
꿈에서만 만나던 낭군 찾아가시려나
죽음의 그늘에서 그을렸던 얼굴도 명경처럼 맑아지네

꿈속에서 차리는 밥상

팔십 노모는 뇌경색 깊은
잠의 수렁 속에서도 조석 걱정하시나 보다

추석이 코앞인데 서둘자꾸나
마당에 콩 털어 청국장부터 띄워야지
김장 무 솎아 열무김치도 담아야 하고
오징어에 도라지 무치면 그리도 잘들 먹지
가을날은 짧은데 내 몸은 왜 이리 둔할까?

주름살 실긋거리며 궁시렁궁시렁
들릴 듯 말 듯 안개 속을 헤맨다

엄마 나야 큰딸
옥이구나 어서 온 주루룩 눈물로 대꾸하며
불편한 손이 허공을 휘젓는다
캄캄하여 닫힌 것 같던 귀
오직 자식 목소리에만 귀가 열리나보다

비잉글 둥굴게 허공에 쓰는
어머니 사랑 말 이제사 들린다

긴 잠의 끝에서

최면에 걸린 시간
팔순 넘은 노모를 긴 잠 속으로 빠뜨렸다

그녀는 거슬러 올라가다
세 살짜리 딸에서 멈췄다
엄마 없는 빈자리 설움
목울대를 흔든다
한창나이에 떠난 막내아들
몇 해 전 먼저 간 큰아들도
내키지 않은 길 떠났으니 어미 돌아보겠지

운명에게 뒷덜미를 붙잡혔구나
갈피갈피 얽히고설킨 사연 올올이 풀며
깨어보려 애써보지만
용서하고 용서 받아야 할 시간이
잠 속으로 잠 속으로 들어간다

긴 잠 푹 자고 나면
이승이냐 저승이냐 선택할 수 있을까
시간은 기다리고 서있다

바람이 전하는 안부

꽃 한 송이 반겨 줄 무덤도 없이

서러운 서른여섯
스스로 감아버린 이승의 삶
잃어버린 사랑 보듬지 못한 핏줄

끝내 삼켜버린 말은 어버이가 가슴에 안고
새가 되어 날아 보라고
앞산 풀숲에 뿌려 주었다

산나물과 알밤의 이야기로
서러움 달랬을 그녀는
깊고 추운 겨울밤 어떻게 버텼을까

꽃이 만개하는 이 계절에
알리움 한 송이로 피어날까

그늘 한 자락

폭염 경보 문자 계속 들어오는 한낮
야외활동 자제, 물놀이 안전에 유의

횡단보도 앞
야쿠르트 리어카엔 아랑곳없어
챙 모자 하나로 햇볕과 맞짱 뜨면서
오로지 지나는 걸음에만 골똘하다

졸린 눈 비벼가며 차려놓은 아침상
잘들 먹고 출근하고 등교했기를…
염불하듯 되뇌이는데

"윌 다섯 개 주세요
잠시 양산 좀 잡아줘요"
천천히 아주 천천히
소리를 가방에 넣고 지퍼를 잠그고
잠시나마 그늘을 주고팠던 초로의 여인
무심한 척 미소 한 줌 날리는 바람의 끝자락

그래도 살만한 세상을 수행중이다

할머니의 사랑법

솜이불 같은 할머니 품에
초롱꽃 같은 눈이 안겨 있다

토닥토닥 따스한 할머니 손짓에
함박꽃처럼 손주의 웃음이 벌어진다

한낮의 졸음에 겨운 할머니 손등 위로
긴 보폭의 햇살이 걸음을 멈춘다

한 걸음 한 걸음 느릿느릿한 햇발자국
할머니의 시간 안에서
한풀 꺾인 세월이 흐느적거린다

닮다

세찬 비바람에
엎어지고 깎이면서도
어느 계곡 끝자락에서
유유자적 구르던 돌 하나

어쩌다 장아찌 통속에 엎드려
깻잎 냄새 마늘 냄새로
본래의 제 길을 잊은 지 오래

행여 맛 변할세라
꾹꾹 눌러보는 어미
고초당초보다 매운 고통 곱씹으며
뭉툭하게 굽어버린 저 손마디에서
짱돌의 짜디짠 세월이 보인다

4부

엄마와 소금 항아리

한 사내가 무너지다

 운전대를 잡고 100미터쯤 가다가 엔진을 끄고 한 사내가 내렸습니다 새벽 다섯시 초봄입니다 겨울을 떨쳐내는 가지 끝에 온몸으로 끌어 올리는 물줄기의 용트림이 있었습니다만

 그것은 사내가 제 계집에게 보여주기 싫은 모습이었습니다 운명은 예측할 수 없지만 더 이상 삶은 그 사내에게 의미가 없었습니다 응급실 문을 밀고 들어갈 때까지도 사내도 계집도 아무 말이 없었습니다

 계집은 사내를 꼭 안아주고 싶지만 그 사내에겐 더 큰 수치일 것 같았습니다 축 처진 사내의 뒷모습에 온 생이 빠져나가는 소리 아프고 크게 들립니다

 환자로 몸살을 앓고 있는 대기실이 웅웅 울고 있습니다 계집은 무너져 내리는 사내에게 침대 하나 줄 수 없어 안타깝고 사내는 밤새 동동거린 계집에게 안식을 주지 못해 서럽습니다

 침대 하나 차지해 누운 사내는 찬 대기실 의자에 접

혀있는 계집의 앞날이 걱정입니다 일상에 바쁜 새끼들은 이 새벽에 무너진 사내가 있었는지 무릎 꿇은 비손이 있었는지 안부조차 없는데 홀로 남을 계집 때문에
　텅
　텅
　빈 가슴만 칩니다

　어둠 속으로 새벽이 옵니다 오토바이가 사내를 싣고 창공을 달리고 있습니다
　미소 띤 그녀가 손을 흔들고 있습니다 아이들의 맑은 웃음소리가 아득한 아래에서 흐릅니다
　사내의 얼굴이 환해집니다
　한 생애가 남가일몽입니다

떴다방

무학봉 근린공원 매미들
아파트 청약 중이다
한 몫 챙기려고 치열한 경쟁 속
일주일, 길어야 보름이다

꼭대기로 올라가야 북한산도 보이고
경복궁도 눈앞이다
높을수록 치솟는 프리미엄
칠년 묵은 외피는 계약금이고
잔금은 그들의 전부이다

목적을 달성한 용감한 자들은
보금자리 꾸며 희희낙락이다

손익도 없는 영업이 간판을 내리면
대열에 서지 못한 수요자들 가슴
찬바람 불어오는데

새로운 바람이 불 때까지
아파트 청약에서 밀려난 나처럼

애꿎은 무학봉만 돌고 돈다

희비의 시간도 잠깐
기름진 몸뚱이는 간데없이
모두 한 겹 껍질 되어 나뒹군다

손녀 세빈이

긴 기다림 속에
우리의 가슴을 설레게 하더니
30년의 침묵을 깨며
새로운 창을 열었지

세상이 궁금해 배밀이도 안 하고 앉더니
열 달 만에 걸음마를 시작하고
첫돌 때는 뛰어다녔지

색연필 그을 때마다
그림 한 장씩 그려내는 마법천사
야무지고 빈틈없지

1학년도 뛰어넘고 2학년이 되더니
더욱 희망이 커가는 손녀
나의 사랑이며 행복 바이러스
예쁘게 자라라 나의 손녀 세빈아

벗이여

다시 들린 그곳에 벗인 양 반겨주는 나무
굳게 닫힌 문틈으로
매실 하나 툭 떨어지네요
그 소리의 안쪽을 들여다보았어요

빈 가슴 부여안고 놓아버린 세월
그 속에 비와 바람과 햇빛이
가끔씩 찾아와 주었기에
옹골찬 열매도 맺어 주었구려

큰 눈이 유난히 슬퍼 보였던 그대
빈 들에 마른풀 같은 얼굴
차마 볼 수 없어
고개 잠깐 돌린 사이
무에 그리 바쁜지 먼저 등 돌리고 떠난 사람

다하지 못한 얘기와 함께 할 일들이
아직도 남아 있는데…
홀로 걸어야 할 삭막한 나날
닫힌 대문 안 매실 한 알이 가슴을 두드리네요

허공에게

애써 외면한 마음, 3년
퇴촌 텃밭엘 가보았지요

황무지 된 채마 밭, 괭이로 끄적거려
야채 씨를 뿌려보고,
삭정귀가 다 된 오가피나무,
옆구리에 퇴비도 넣어주었어요

동트기 무섭게 옥상에서 가꾸던 푸성귀
이웃과 나눌 땐 쉽더니
아침마다 물 주는 일이
이렇게 성가신지 몰랐네요

물 주던 호수 끝
밀려오는 그리움에 대보니
땅에 닿기도 전 받아주던 목소리
울컥 흘러나오네요

어제 한 약속도 잊어
난처한 일이 많은데

정작 잊어야 하는 옛일은
왜 또렷한가요

귓가에서 맴도는
지나간 시간들 날려 버리게
바람으로라도 와 주세요

강남제비

어미 철새 새끼들 데리고
비바람에 날개 찢긴
상처투성이 새끼 안고
둥지 틀러 찾아들었네

지구 끝 어디서도
못 찾은 보금자리
제 태어난 곳
바람결에 냄새 맡고 그리워 왔네

바닷장어 풍천 강물 찾아들 듯
연어, 새끼 키우려 제 고향 찾듯
한옥 서까래 하나면 될 둥지
공기마저 병든 서울 한복판
차가운 벽돌담에 시린 맘 녹여 보려 애쓰네

검불도 물어다 둥지를 틀어 주고
벌레도 잡아주며
행여 맘 다칠세라 전전긍긍
어미의 마음 새끼는 알까

닫힌 문

옛날 시골집엔
대문, 부엌 문, 뒷문, 쪽문
또 문, 문, 문, 문도 참 많았지
사통팔달 어디로든 통하던 문

대청 뒷문 열고 숙제를 하면
포도 넝쿨 밑에서 푸른 바람이
한여름 무더위쯤 쫓아 버렸지

모르는 것 하나씩 알아가는 재미에
등에 업힌 동생도 무거운 줄 몰랐는데

글 문이 안 열려 끙끙대는 손자 옆에
허공에 떠다니는 시문 잡으려
휘적대며 씨름하는 초짜 시인 할머니
빗장 걸린 문은 열리질 않았지

긴 겨울 이겨낸 매실 한 그루
꼴 문 열어제치듯
꽁꽁 언 시의 뒷문 언제 해동되려나

졸업을 축하하며

아침마다 징징대던 떼쟁이
노란 원복 노란 가방 노란차 타고
개나리 꽃그늘 병아리처럼

꽃길을 따라 꽃처럼 피어나고
비바람 따가운 햇볕에 그을리며 커가고
가을 들판인 양 여물었구나
다시 봄의 문턱에서 졸업식을 하네

동화책 줄줄 읽는 친구들이 있는데
둔재인가 난독증인가
기역자도 모르면서
공룡 이름 줄줄이 읊어대고
〈한국을 빛낸 100인의 위인들〉 우렁차게 불러대지

제 어미 걱정 태산이지만
관심의 초점이 다른 데 꽂혀 있으리

일등보단 포기하지 않는 게 중요한 거야
암 그렇지 열심히 노력하며 밝고 씩씩하게

사람다운 사람으로 자라거라
성원아!

아가야

네가 태어날 때
노랗던 하늘이 창문을 열고서
쏟아지려는 비구름을 비켜 주었고
바람도 발소리를 죽이며
햇살 어깨너머로 창문을 넘겨보았지

   너의 우렁찬 첫울음 소리에
   새들은 푸르르 힘차게 날았고
   바닷물이 솟구치며
   고래도 물줄기 높이 내뿜었지

기다림의 초조함 끝에
알맞게 네 부모를 찾았구나
엄마의 뱃속에서도 힘찬 발길질로
튼튼이*의 모든 것을 나타냈겠지

초조한 기다림 끝에 만난 너와 나

좀 힘들지만
살아볼 만한 세상이란다

사랑과 희망의 전령사로
우리 함께 손잡고
행복의 계단을 하나하나 오르자꾸나
사랑하는 나의 손자야

*태명

소리와의 동행

땅거미가 어둠을 끌고 오는 저녁
가을걷이 끝난 고달픈 하루
온 식구 두레밥상에
빙 둘러앉았다

"오빠 오나 나가 봐라" 어머니 말씀에
대문 밖 사랑채 댓돌 위서 발돋움한다
"옵바아!"
잠시 후
"그래에!"
무섬증 털어내는 반가운 대답
"오빠 어디야!"
"새리 냇둑!"

기다림에 발이 저려올 쯤
열세 살 오빠 제 몸만 한 책보와
땀범벅 헐떡이며 서 있다

야자 공부 힘든 나날
태산 오르듯 숨 가빠도

상급학교 시험 보는 날
부르고 대답하며 쟁여둔 꿈
백지 위에 한자 한자 채워 나간다

엄마와 소금항아리

수박, 참외, 소금 항아리, 그리고 울 엄마
방학 때면 동생과 지겹도록 지켰던 원두막

아버지는 큰 것으로 골라 장에다 파시고
엄마는 남은 데서 쓸 만한 것 골라
커다란 양푼에 담아 이면
나도 몇 덩이 이고 따라나섰지

힘이 들어 쉬려면 한 귀퉁이 잡아줘야 내리고 이고
한 시오리 길, 염전 막지기 아저씨네 멀기만 했지
소금이 귀한 우리, 참외 수박이 귀한 그들
물물 교환하여 왕복 임질을 했지
새끼줄로 동여진 금이 간 항아리엔
흰쌀같이 귀한 소금이 하나 가득
병약한 엄마의 얼굴에도
승전한 장수처럼 의기양양 힘 있는 순간이었지

땀과 바뀐 소금은
김장하고 장 담그고 짠지 절였는데
그것도 한때, 엄마의 영화였지

쇠잔해져가는 손은 소금 팔러온 아낙에게
밥 주고 소금 사주고
당신의 예전을 회상하고 그러셨겠지

남의 손에 넘어간 집터와 소금 항아리
흔적조차 없는데도
옛집 앞산에 묻히신 어머니는
이따금 찾아가는 자식들의 포근한 보금자리

어느 봄날에

강매역
초봄이 내려앉은 언덕배기 소만길
네 자매 만났다.

햇빛 쬐고 있는 어린 쑥과 냉이 씀바귀 등등
풋풋한 봄을 한 웅큼씩 들고 왔다

샤브샤브 끓는 물이
봄 향내 부글부글
쓴 겨울 맛을 밀어내고 있는데

오빠야 국물만 먹지 말고
쑥 건더기도 먹어 학교에서 배고파
이승 저편에서 들리는 언니 목소리 속에서
할머니 누런 얼굴 일렁이고
일그러진 어머니 표정과
재군병 나간 아버지 모습도 겹쳐졌다

나와 어린 동생들은 잘 모르지만
오빠가 쑥과 죽을 먹지 않는 이유다

지금은 계절의 별미지만
보릿고개 아등바등 힘겹던 시절
배고픔을 함께 건너온 징검다리였다

은행잎이 은행잎을 포옹하는 가을

엄마는
스무 살 어린 딸을 그 가을에 시집보냈네

언니는 봄부터
횃대보, 양복덮개, 베갯잇
설레는 한 땀 한 땀 십자수를 놓느라
밭매고 고추 따는 엄마나 동생은 안중에도 없었네

땀에 절은 여름은 눈 깜짝 새에 날아갔다네

시집갈 날은 바작바작 오는데
숙여가는 벼 이삭은 익을 줄 모르고
꽃송이 같은 메줍쌀이 부족한 쌀을 대신하면
숟갈 위에 부스스 부서지는
쓰린 엄마의 노란 마음

아직도 푸른 벼를 멍석 자리만큼 베어
나무 절구에 찧어 밥 지어주던 정성

푸르고 붉은 날은

쿵 하며
은행잎에 자리를 내어준 시절이 있었네

끝내 먼저 간 딸 가슴에 품고
뇌신과 노란 한숨 홀로 삼키던 엄마

이 가을 누렇게 멍든 은행잎을 밟으니
자국마다 엄마 얼굴 위에 언니 얼굴 오버랩되네

축제

아름드리 나무는
강산이 네 번 변하고도 7년
세월의 때를 덧입고 까맣다

몰려든 인파에도 피곤한 기색 없이
송이송이 연분홍 꽃구름 한껏 뽐내고 있다

자식들 의지해 꽃구경하는
노부모들 얼굴에 행복이 하늘가득
꼬마들 손에든 막대 사탕도 하하 호호
피터, 미라, 기라, 이름표 단
공룡 가장행렬에 신데렐라 호박마차도 환호성

초상화 그려주는 미대생 앞에 반백의 부부
정겨운 포즈 두둥실 구름으로 떠다닌다

온천지 벚꽃들이 만발해 뽐낼 때면
윤중로 꽃 마중 놓칠까봐 안달난다
올해도 손주들 앞장세워
꽃가지에 추억하나 걸어 놓는다

아날로그에서 디지털로

부부 모임을 집에서 하던 시절
거실 한쪽 차지하던 진열장 앞자리에
거만스레 꽃무늬 내밀고 있던 커피 잔

1.5 : 2 : 2, 혹은 2 : 1. 5 : 2
커피, 설탕, 프림의 황금비율이라고
섭씨 100도로 10분간 끓여
정성스레 타도 커피 맛은 제각각

어느새 공장에선
세계인의 입맛을 묶어버린
믹스커피가 쏟아져 나오더니
A카페, B카페 등 무수한 커피점이
야채 가게보다 더 많이 늘어서 있는데

아날로그에 익숙한 해묵은 인생들
어설픈 스마트폰 손에 들고
새로운 입맛 찾아보려
혀에도 눈에도 익지 않은 커피 메뉴
보고 또 보고

박새 날다

가슴을 맞대면 가슴이 뜨거워지는 치자꽃이 피네

박새가 흘러드는 곳을 따라가 본 적 있니? 주둥이 한가득 벌레를 물고 필사적으로 날아 찾아드는 처마, 박새 한 무리 날아든다 작은 몸집 가늘고 긴, 꼬리 끝까지 보소소 솜털 옷으로 무장한 박새들의 체위

물고 온 열기 모아 쪼고 쪼고 또 쫀다 비껴가던 바람이 심심한 듯 솜털을 후 불고 지나간다 주둥이에 묻은 즙을 나눈다 목울대가 부르르 떨린다 엷게 비쳐주던 햇볕도 구름 속에 들어 희미한 풍경

온기 묻어 나오던 아파트 창문마다 꼭꼭 여민 채 등 돌리고 있다 돌아가야 할 집 냉기 가득한 앙상한 나뭇가지 옹기종기 붙어 앉아 너와 너의 체온으로 언 밤 비빈다

어떤 밤은 불기 없는 방에서 옷 입은 채 잔 적이 있었지 온기 없는 별무리만 안타까이 박새를 내려다보는 달님도 지나쳤지 이 사나운 계절을 지나려면 얼마나

많은 날을 까무러치다가 살아나야 할지 몰라

　잠의 바깥에서 박새들은 창공을 날고 있지 흐드러진 꽃 사이에 꿈틀대는 애벌레들 낚아채고 있는 눈 뜨고 꾸는 꿈
　가지 사이를 비집고 열기 묻은 햇살이 비출 때쯤 혼곤한 늦잠 속에 빠져있는 박새는 박새를 견디고 있다

　문 닫힌 문의 안쪽을 사랑이라고 쓰고 모닝커피라 읽는다

동주님을 만나고

구름이 뒤덮인 하늘 아래
태양을 그리던 우리 님은
손쉽게 써지던 시조차 부끄러워했는데
왜 나는 밝은 태양 아래
쓰려는 시는 안 써지고 검은 구름만 보고 있는지요

님이여 당신은
눈 한번 질끈 감고 가면 되는 비단길을 외면하고
애써 가시밭길을 골라 가셨는지요

안타까움으로 님의 발자취를 쫓다 오는 한낮
태극기와 촛불이 광화문 광장을 에워싸고
십리도 못가서 발병 난 내 발이 몹시 부끄러웠지요
하늘을 우러러 한 점 부끄럼 없이* 살자고
푸른 시절을 건널 때, 님은 우리의 길잡이였지요

어쩌다 우린 길을 잃고 먼지 낀 하늘 아래 있나요
한없이 부끄러운 밤, 별이 바람에 스치*네요
님이여!

*윤동주 시 인용

■해설

슬픔을 풀어 사랑으로 색칠한 따뜻한 서정

지 하 선
(시인)

1. 이민희의 시세계

이민희의 시에서는 어릴 적부터 지금까지 살아온 삶의 여정을 성찰하면서 아주 작은 기억의 편린들까지도 소중한 자신의 흔적으로 간직하고 있는 따뜻함과 온화한 인과 관계가 스며 나온다. 시는 '언어예술'이며 또한 '고급 말놀이'라고도 한다. 따라서 시인을 '언어의 마술사'라고도 한다. 언어의 마술사가 쓰는 언어라는 도구는 매직 쇼에서처럼 특정하게 만들어 사용하는 것이 아니다.

김수영 시인이 '어렸을 때 어머니에게서 배운 말, 신문에서 읽은 말이 내 시어가 되었다'고 말했듯이 특

별한 기교나 아름다운 꾸밈어가 정해져 있는 것이 아니고 우리가 쓰는 일상어가 다 시어가 된다는 것을 이민희의 시에서 함께 읽고 공감할 수 있다.

또한 그의 시에서는 누군가 '시는 머리로 쓰지 말고 가슴으로 써라'고 한 진정성을 그대로 엿 볼 수 있다.

문학평론가 고승준은 '시를 읽는 일은 낯선 세계를 방문하는 일과 유사하다'고 말했다. 이는 시어가 일상어이면서도 함축적 의미를 내포하고 있기 때문에 시인만이 가지고 있는 경험을 독자적으로 해석하여 새로운 창조의 세계를 보여주기 때문이라고 생각한다.

그런 의미에서 이민희의 시는 낯설지만 익숙하다. '낯설다'는 것은 그의 시에는 색깔이 입혀져 있다는 독특함이 있기 때문이다.

전반적으로 흰색으로 깔려있는 시의 바탕에 초록이 붉어지는 슬픔이, 빨갛게 익어가는 애증이 그리고 어머니의 노란 근심이 시인의 감성의 붓으로 그려져 있는 것이다.

또한 '익숙하다'는 의미는 솔직하고 담백한 흰색의 결정체로 순수 그 자체를 간직하고 있다. 그것은 나의 이야기이며 '나'로 공감할 수 있는 평범한 일상을 자기성찰이라는 눈으로 그렸기 때문이다.

그리고 가슴 깊이 고여 있던 슬픔을 삭이고 삭여 곰삭도록 숙성시켜 빚어낸 맛깔스런 사랑이 시의 편편마다 삶의 진수로 박혀있다.

이제 이민희의 시를 한 컷씩 펼치면서, 낯선 듯 익숙하게 그려가는 그의 삶에서 슬픔을 풀어내는 사랑의 색깔을 찾아보려고 한다. 하여 일상에 편재해 있는 아픔과 상처를 보듬어 안는 그의 시세계로 들어가 시인의 투명하고 낭랑한 소리를 들어보도록 하자.

2. 슬픔을 접어 꿈꾸는 하양의 비의

다음의 시에서는 시인의 다난했던 어린 시절의 슬픔을 엿볼 수 있다.

> 할머니의 신성 불가침의 성城도 그쯤에 있었다
> "계집애가 어디 남자를 넘어 다녀"
> 방 가운데 누워 있는 동생의 발치쪽을 돌아다녔다
>
> 그럴 때마다 뒤꼍을 찾는 가슴에선 찬바람이 일었다
>
> 낮은 땅에 발을 딛고 선 뒤꼍은
> 가뭄에도 눈시울로 젖어 있었다
> 한 발짝씩 내딛는 내 발자국 따라
> 눈물도 한 뼘씩 자라고 있었다
>
> (중략)
>
> 슬픔이 멍울멍울 하얀 꽃으로 피었다가
> 딸기같이 빨간 애증으로 익어가는 동안

뒷산 작은 골짜기에 던져두었던 꿈 한 덩이

밤마다 뒤곁으로 다가와
고단한 삶의 그림자 지워주곤 했다

발목을 적시던 뒤곁을 걸어 나온
거울 속 얼굴, 앞면이 화사하다
―「거울의 뒤곁」 부분

조선후기 실학의 대가 성호星湖 이익李瀷 선생까지도 '여자는 아이 낳고 살림만 잘하면 된다'고 여성의 교육에 반대할 정도로 남아선호 사상이 강했던 우리의 유교적 관습으로 인하여 딸 많은 집안의 외아들은 그야말로 '신성 불가침의 성城'이었다. 1950~60년대만 해도 그 남아 선호사상으로 인한 수많은 에피소드들이 있었다. 무속인을 찾아가 태중의 아이가 아들인가 딸인가 점을 치기도 하고 딸만 여럿 낳은 여인이 이혼을 당하는 예도 있었다.

그러니 그 남동생 뒤편 그늘에 가려있는 시인에게 '발자국 따라/ 눈물도 한 뼘씩 자라고 있었다.'고 하듯이 그 어린 가슴에는 할머니의 편애가 자신도 모르는 사이에 슬픔의 앙금으로 쌓여갔을 것이다.

'슬픔이 멍울멍울 하얀 꽃으로 피었다가' '빨간 애증으로 익어가는 동안' 시인의 꿈은 뒷산 골짜기에 던져졌지만 '발목을 적시던 뒤곁을 걸어나' 올 만큼 자라거울에 비친 모습이 '화사해'지는 사춘기쯤부터는 어둠으로 들어앉은 '시간의 발뒤꿈치가 아픈' 나날이 지나가도록 삶에 대한 질문을 품고 답을 찾으며 성장했을 것이다.

  시인의 슬픔은 흰색이었다 여기서 하얗다는 것은 순수가 아니라 공허空虛였을 것이다. 누구에게도 말하지 못하고 표현하지 못하는 쓸쓸하고 텅 빈 마음의 상태를 하얀 꽃으로 표현한 것이다. 하얗게 비어져 가는 슬픔을 누구에게도 말하지 못하고 자라면서, 그 내면이 바깥으로 드러난 상태를 빨갛게 익어갔다고, 그래서 애증이 되었다는 시인만이 간직했던 상처를 솔직하게 고백하고 있는 것이다.

    그곳에 터를 잡은 것은 우리의 잘못이 아니다

    빛이 잠시 훑고 가는 그늘을 가지고 있다
    한 방울 물에 갈증을 달래고
    별을 보며 한 뼘씩 터전을 닦는

    목 메인 그늘 속에 고인 슬픔이 끓어오른다

    어둠 속에서 캐어낸 광석을 꺼내 본다
    아무리 닦아도 빛이 나지 않는다
    더 이상 개천은 용을 내지 못한다는 암담함에
    허기가 어둠을 더 짙게 만든다

어둠을 대물림할 수 없다는 절박함에
막다른 골목에서 서성이는 너와 나는
새벽을 비껴가는 별을 따라 서쪽으로 기울어진다
─「개밥바라기」 전문

위의 시에서 보듯이 시인의 유년은 '빛이 훑고 지나간 그늘을 가지고 있었다.' 50~60년 전만 해도 어둡고 암담한 환경에서도 열심히 노력하면 '역경의 열매'를 맺는 불굴의 의지 인ㅅ을 볼 수 있었다.

그러나 '아무리 닦아도 빛이 나지 않는' 광석처럼 시인에게 주어진 환경은 노력만큼 대가를 얻지 못하는 것에 대한 절망, 즉 '더 이상 개천에서 용을 내지 못한다는 암담함에/ 허기가 어둠을 더 짙게 만들'었기 때문이다. 그것은 '어둠(가난)을 대물림할 수 없다는 절박함은 시인의 어린 시절이나 지금이나 '막다른 골목을 서성이게' 된다. 바로 그때가 '그늘 속에 고인 슬픔이 끓어오' 르는 순간이다

다음의 시에서 그 끓어오르는 슬픔의 진원지를 알 수 있다. 그 슬픔은 '초록이 신열처럼 붉어지는 계절에' (초록이 붉어지는 길에서) 새처럼 날아간 언니에 대한 슬픔일 수도 있다. 혈육의 부재에 대한 슬픔은 평생 가슴에 묻고 살아가기 마련이다.

꽃 한 송이 반겨 줄 무덤도 없이

서러운 서른여섯
스스로 감아버린 이승의 삶
잃어버린 사랑 보듬지 못한 핏줄

끝내 삼켜버린 말은 어버이가 가슴에 안고
새가 되어 날아 보라고
앞산 풀숲에 뿌려 주었다
 　　　　　　　　　　－「바람이 전하는 안부」 부분

무소식에 애태우다 기별 없이 한두 번 찾아오는
발자국 소리에 귀 기울이고 살던 어머니처럼
떠나는 뒷등까지도
창문마다 빛나던 시절을 그려 넣었어요

찬 서리 내리는 들판에서
바람이 떠난 자리는 슬픔이 되고 있어요
 　　　　　　　　　　－「창문마다 붉게 빛나네」 부분

　위의 시 두 편 모두 '잃어버린 사랑 보듬지 못한 핏줄'에 대한 이별의 고통을 시어로 승화시키면서 슬픔마저도 의미 있는 것으로 받아들이는 시인의 정신적 자세가 돋보인다. 바람처럼 떠나간 언니의 자리에는 늘 눈물이 들어와 앉아 있었다. 아마도 어머니의 슬픔과 한탄이 자연히 자식들에게로 흐르기 때문일 것이다.

그러나 시인은 그만이 극복할 수 있는 방법으로 '빛나던 시절을 그'리면서 이 슬픔을 어머니의 사랑으로 승화시키고 있는 것이다. 하여 붉어졌던 슬픔이 분홍으로 엷어지며(「어머니의 못자리」) 사랑이 깃들기 시작하면서 다시 하양을 꿈꾸게 되는 것이다.

>나비의 날개 위로 뚝뚝 떨어지던 슬픔을 떼어내고
>하양을 꿈꾸는 일
>시리고 저린 동토(凍土)의 계절을 건너왔지
>
>(중략)
>
>앞마당에 소복하게 쌓이는 눈
>어둠을 굴려 비밀스럽게 만든 눈사람처럼
>눈보라를 헤치고 건너오는 목련
>
>동트는 하늘 쪽 가지에도 맨발 동동 구르던
>밤이 묻어 있더라고
>검정의 반대쪽으로 달리는 투명한 베일은
>하얀 사랑으로 웃고 있었지
>
>그런데 웅크린 품속에서
>사랑이 살포시 고개를 내밀더라고
>하얀 솜털을 입에 문 채
>   -「하양에서 하양으로」 부분

위 시에서의 흰색은 순결과 깨끗함과 투명함의 대명

사다. 시인은 흰눈이 내리는 계절이 다시 하얀 목련으로 이어지는 그 하양과 하양 사이에는 고결한 사랑이 있음을 알고 있다. 봄이 오는 길목에서 제일 먼저 개화하는 목련과 같이 '동토의 계절을 건너온' 시인의 젊음을 소환하면서 말이다.

밤이 지나면 반드시 새벽이 오고 겨울을 지나면 봄이 오는 자연의 순환 법칙처럼, '눈보라를 헤치고 건너온 목련'처럼 힘들고 어려운 역경 속에서도 사랑이 고개를 내밀고 있기에 삶의 고단함을 잊게 해주는 것이다. 시인에게는 '검정의 반대쪽을 달려'가면 '하얀 사랑이 웃고 있'을 거라는 꿈이 있다. '사랑이 있는 곳에는 재물과 성공이 따르지만, 사랑이 없는 재물과 성공은 늘 외롭고 슬픈 것이다'라고 말하고 있듯이 사랑은 어려운 난관을 극복한 뒤에 얻을 수 있는 인생 최후의 성공인 것이다.

이와 같이 '맨발 동동 구르던/ 밤이 묻어있는' 시간은 어머니의 사랑으로 이어진다.

3. 슬픔이 사랑의 색으로 물들기까지

자박자박 물기 앉은 못자리에 볍씨인 양 뿌려 놓은 딸자식
노심초사 엄마 마음이 생일 핑계로 왔던 게지요

벚꽃에서 나비가 날든지 말든지

생애 최고의 생일이었지요

어머니의 눈물로 빚은
떡을 먹게 된 그때부터
해마다 꼭 생일상을 받곤 했지요

억척스런 모성이 무거운 시집살이를
허공으로 띄워 올린 봄날이 되었지요
-「어머니의 못자리」 부분

  위의 시에서는 신혼의 첫 생일을 낯선 시댁에서 처음 맞는 새색시의 말 못 할 서글픔을 분홍이라는 색채와 나비라는 사물로 치환시키는 시인의 긍정적이고 부드러운 인성을 알 수 있다.
  딸을 시집 보낸 어머니의 마음은 못자리의 볍씨처럼 기르다가 그 못자리에서 뽑은 한 줌의 모를 정성스레 논바닥에 심는 바로 그 심정일 것이다. 노심초사 갓 시집보낸 딸의 안부가 몹시도 궁금한 터에 생일이라는 빌미로 떡을 해서 이고 온 어머니 '억척스런 모성이 무거운 시집살이를/ 허공으로 띄워 올린 봄날'로 시인은 평생의 힘으로 살았을 것이다.

  속으로 무너지던 어머니의 슬픔을 닮은 거미줄
  손톱이 자라듯 거미줄이 허공을 향해 자신의 말을
  한 칸 한 칸 그려가고 있다

'백삼십 배나 늘려주어도 인간의 욕심이 끝이 없다'면서
한 모숨의 벼 이삭을 쥐고 있던
어머니의 음성도 거미줄에 걸려있다

달빛 잘라 밤새 기운 거미줄에 여명이 비치면
아침 거리가 이슬과 함께 맺혀
이 계절이 견딜만하다는 듯
긴 다리로 새벽을 딛고 새길을 만든다
　　　　　　　　－「거미가 걸어온 거미줄처럼」 부분

남의 손에 넘어간 집터와 소금항아린
흔적조차 없는데도
옛집 앞산에 묻히신 어머니는
이따금 찾아가는 자식들의 포근한 보금자리
　　　　　　　　－「엄마와 소금항아리」 부분

 이리저리 얽혀있는 거미줄에서 어머니의 사랑이 엿보이는 위 시에서도 시인은 이슬이 맺힌 거미줄과 소금항아리로 어머니의 사랑도 흰색으로 치환하고 있는 것이다. 거미줄의 칸칸에서 어머니의 평소 '인간의 욕심이 끝이 없다는' 말씀으로 읽혀지는 시적 정서에서 어머니에 대한 애틋함을 읽을 수 있다. 부모님이 가신 뒤에야 평소에 혼잣말처럼 중얼거렸던 소소한 말들도 유언인 듯 화석처럼 가슴에 와 박히는 것이다.
 '속으로 무너지던 어머니의 슬픔'이 눈사람처럼 녹아내린 눈물이 바로 사랑이 생성되는 근원인 것이다.

지금은 흔적 없이 사라진 소금항아리처럼 앞산에 묻히신 어머니는 영원한 자식의 포근한 보금자리이며 바로 마음의 고향인 것이다.

> 긴 낮과 짧은 밤 사이
> 초록의 계절을 넘어가고 있을 때
> 중환자실로 가던 어머니
> 우리 손을 꼭 잡았죠
>
> 삼복에서 처서로 가는 길엔
> 초록이 신열처럼 붉어지고 있었죠
>
> 그 바람 속으로 새처럼 날아간 언니와
> 가슴에 묻은 새를 다독이느라 밤새 앓던 어머니가
> 뒤척이는 불면 속으로 자꾸만 찾아와요
> 가위눌린 듯 선잠에서 깨어나면
> 쏙독새 날아간 자리 베갯잇이 흥건했죠
>
> 뜨거운 햇볕을 삼킨 파도가
> 커다란 너울 파도처럼 토해낸 처서
>
> 불면의 밤을 견디고 불볕 속과 폭우 속에서
> 발갛게 익어가는 대추 한 알 되뇌는
> 그때의 시간도 붉게 여물어 갔지요
> 　　　　　　　　　－「초록이 붉어지는 길에서」 전문

위의 시편은 어머니와 마지막 이별하기 직전의 시편

이다. 시인은 '불면의 밤을 견디'어야 하는 슬픔을 붉은색으로 칠하고 있다. 서양에서는 혼례복을 순결을 뜻하는 흰색으로 하는데 비해, 우리나라 전통 혼례복은 다홍치마를 입는다. 그것은 예부터 붉은색은 사악한 기운을 물리친다고 해서 신부를 보호한다는 의미로 사용되었다고 한다. 또한 붉은 색은 사랑과 생명의 의미를 상징하기도 한다.

그런데 이민희의 시에서는 이런 의미의 붉은 색이 슬픔으로 승화되어지고 있는 것이 색다르다고 할 수 있다. 아마도 그것은 '초록의 계절'에 있는 나와 '신열처럼 붉어지는' 중환자실의 어머니의 시간을 대비시켜 놓고 한 세대는 가도 발갛게 익고 여물어가는 나의 세대가 있음을 말하면서 슬픔을 멀리서 바라보듯, 자연의 순환 이치인 듯 담담하게 그려 나가는 이민희만의 색채 사용법이 아닌가 싶다.

여기서 슬픔이 초록에서 붉게 여물어가는 사랑으로써 내려간 시적 사유의 깊이를 알 수 있다. 어머니와의 이별의 슬픔을 슬픔이 아닌 양 붉게 여물어가는 가을처럼 씨앗을 남기고 떠나듯 기술함으로써 표정이 보이지 않는 내면에서 더 짙은 슬픔을 느낄 수 있도록 은유로 표현하기도 했다.

4. 사랑으로 색칠하는 새로운 도전

이 시집의 권두 '시인의 말'에서 '가장 큰 버킷 리스트 하나를 지우며 눈시울을 붉힐 것이다'라고 언급했듯이 버킷 리스트를 실천하는 마음으로 썼다는 시인의 진심을 다음의 시에서 들여다볼 수 있다.

> 오랜 시간 먼지는 내려앉고
> 주름진 얼굴에
> 이름까지 희미해졌는데
>
> 뜨거운 시간을 걸었던 기억을 쓸어내리며
> 너의 몸에 슬픔이 쌓이는 저녁
> 저물어 간다
>
> 신발장 안의 너와
> 밖의 나는 내내 적막하다
>
> 시간의 파노라마 되돌려 보는
> 추억의 그림자
> 너와 나 사이에 웅크리고 있다
> ―「세월이 먼지로 쌓이는 밤에」 부분

사소한 일상의 소재 '구두'에 자신의 삶을 투사하여 인고의 시간을 견디어 온 시인의 자화상처럼 그린 시이다. 젊음을 실어 나르던 구두가 낡아져서 '주름진 얼굴에/ 내 이름까지 희미해'지고 엄마와 아내라는 이름으로 뜨거웠던 시간'의 '기억을 쓸어내리'는 저녁이 황혼으로 저물어가는 세월을 맞게 되었다. 추억의 그림자 사이에 웅크리고 있는 어린 시절 텅 빈 하양 위에 꿈 한 덩이 던져놓고 신혼의 분홍을 지나 초록으로 싱싱하게 가문을 일구어낸 고단한 삶에서 붉게 여물어 열매를 거두는 시기에 당도했다.

  그동안 열매를 거두기까지는 지난한 사랑의 여정이 있었다. 부모님에게서 받은 사랑이 내 자식에게 흘러가는 사랑의 순환을 이민희의 시에서는 하얀 슬픔에서 분홍의 꿈으로 다시 초록의 싱그러운 계절을 가꾸느라 붉은 슬픔을 견디어내며 사랑의 열매를 하얗게 거두어드리는 '하양에서 하양으로'의 삶의 궤적으로 드러냈다. 지금까지 이민희가 자신을 성찰하여 펼쳐놓은 삶에는 따뜻한 사랑의 피그말리온 효과가 하얗게 퍼져나가 독자의 가슴깊이 스며들게 하고 있는 것이다.

    살짝 눈이 감긴 호졸근한 오후
    손가락 사이로 아버지 포도원 눈부시다

    손이 닿을 듯한 높이에서
    새콤달콤한 포도가 유혹한다
    손을 뻗으면 한 뼘 더 높이
    폴짝 뛰어봐도
    고만큼의 높이에서 내려다본다

안타까운 마음은
그래 저건 분명 신 포도일 거야
내 자신의 합리화로 포장해야 했다
그리곤 비겁한 변명이 따라다녔다

만나지 마세요
입 다물고 참으세요
일상을 포기하도록 강요당하면서
도전이란 단어를 잊은 듯
룰루랄라
게으름과 딴 세상을 살고 있었다

아뿔싸
그게 아니네
영어회화에 도전한다고 걸어가는 친구
시집을 상재한다고 뛰어가는 시인이
포도 넝쿨 아래서
탐스러운 포도 송이를 잡고 있었다

혼자서만 나태의 늪에 빠져 허우적거리는가 갈등하는데
포기 뒤에 숨어서 나를 계속 바라보고 있던
선택이
아직은 기회가 있다고 일깨우고 있다

-「포기란」 전문

「모험으로 사는 인생」의 저자 폴 투루니에(Paul Tournier)가 '화가에게는 모든 그림이 다 새로운 모험이다'라고 한 말을 빌려 나는 '시인에게는 모든 시가 다 새로운 모험이다'라고 말하고 싶다. 모험이란 새로움에 대한 도전이며 그 도전 속에서 인간 행동의 배후에 있는 거대한 추진력으로 자기 보존의 본능을 발견할 수 있기 때문이라고 생각한다. 유사 이래 겪어보지 못했던 코로나19의 사태로 '일상을 포기하도록 강요당하면서' 무기력해질 수밖에 없는 상황에서 나도 모르게 '게으름과 딴 세상을 살고 있는 것같이' 나태의 늪에 빠져 허우적거리는' 시인에게 '선택이/ 기회가 있다고 일깨워 주는' 그것이 바로 시에 대한 도전이 아닐까 싶다. 위기의 뒷면에는 기회가 있고 포기 뒤에는 반드시 새로운 선택이라는 기회가 주어진다.

  포도 넝쿨이 높아 손이 닿지 않는다고 '저건 신 포도일 거야'라고 '비겁한 변명'을 한 유년 시절의 '자기 합리화의 포장'을 성장하면서 과감히 찢어버리듯 키가 닿지 않아 포기했던 포도 송이 즉 시에 대한 열매를 이제는 힘껏 뛰어올라서 함뿍 따먹어야 하겠다는 의욕과 열정이 계속되기를 바란다. 앞으로도 더욱더 성장하는 시인으로서 새로움에 대한 도전으로 자신만이 이룩할 수 있는 자신에 대한 역사의 창조가가 될 수 있기를 권면하고 싶다.

거꾸로 탄 기차

찍은날　2021년 4월 25일
펴낸날　2021년 5월 1일
지은이　이민희
펴낸이　박몽구
펴낸곳　도서출판 시와문화
주　소　(13955) 경기 안양시 동안구 경수대로883번길 33,
　　　　　103동 204호(비산동, 꿈에그린아파트)
전　화　(031)452-4992
E-mail　poetpak@naver.com
등록번호　제2007-000005호(2007년 2월 13일)

ISBN　978-89-94833-69-9(03810)

정　가　12,000원